AF360353

COMMENTAIRE

Des onze premiers Versets du Chapitre neuvième de l'Apocalypse de Saint-Jean, appliqués à la Révolution Française.

Par A. H. Charles, *ancien Professeur de Théologie.*

PRÉFACE.

Jusqu'ici plusieurs interprètes de l'Écriture-Sainte ont entendu les onze premiers Versets du Chapitre IX de l'Apocalypse, de tous les hérétiques qui ont affligé l'église de Dieu : d'autres, plus exacts, en ont restreint l'application à ceux plus voisins des tems de l'Antechrist : d'autres, les ont adaptés à Luther et à toutes les sectes de la religion prétendue-réformée : d'autres, voyant que toutes les paroles de la première partie de ce chapitre ne pouvoient pas leur être appliquées dans un sens naturel, ont préféré de ne leur en faire aucune application, et se sont conteutés

de s'en tenir à l'aveu de leur ignorance.
Pour nous, attentifs aux derniers évènemens dont ils n'ont pu être les té-
moins, nous croyons avoir trouvé une
application plus complette et plus naturelle des paroles de ce chapitre, et
avoir donné la solution des difficultés
qui étoient véritablement pour eux in-
solubles : nous croyons qu'ils étoient
fondés à ne pas vouloir appliquer à ces
derniers sectaires chaque parole de ce
texte, et qu'ils ne pouvoient, sans en
forcer le sens naturel et contre la vérité
des faits, restreindre la durée de leur
existence à l'espace de cinq mois. Nous
ne voyons pas non plus qu'ils aient pu
dire des auteurs de la réforme, quoiqu'elle compte parmi ses sectaires des
souverains, qu'ils avoient des couronnes
sur leurs têtes. L'étoile qui est tombée
du ciel en terre au premier verset, est
évidemment un évêque, dans le langage
de l'Apocalypse ; et Luther, chef de sa
secte, n'en étoit pas un. Les protestans
n'ont pas combattu les dogmes catho-
liques par la raison, mais principale-
mens par l'Ecriture, qui, selon eux,
est le seul juge souverain des contro-
verses de la foi. Mais, en convenant
que tous les traits du tableau peint par

l'Esprit-Saint ne pouvoient pas leur être appliqués, nous ne pouvons désavouer que plusieurs d'eux ne leur soient conformes; et que, quoique nos réformés, ne soient pas l'image la plus ressemblante du tableau, ils ne doivent pas moins y être compris; bien qu'il y ait d'autres personnages à qui tous les traits qui le composent appartiennent sans distinction : à moins que l'on n'aime mieux dire avec *Rondet*, qu'il ne s'agit proprement de ces hérétiques que dans l'ouverture du cinquième Sceau; et que le son de la cinquième Trompette annonce un malheur d'une autre espèce, tel que celui que nous allons décrire. Cet auteur justifie son sentiment par *La Chétardie* lui-même, qui reconnoît deux fléaux dans le quatrième âge : le mahométisme à l'ouverture du 4e. Sceau; le schisme des Grecs, qui succède au mahométisme, au son de la quatrième Trompette. Quoi qu'il en soit, nous allons énoncer clairement notre pensée; et nous osons déclarer que la persécution violente que la révolution française a amenée contre l'église, est la clef de l'énigme sacrée du Chapitre IX. Là, nous voyons un évêque appartenant au principal siège de la France, désavouer, devant une assemblée nationale, les marques extérieures de son caractère : là, nous voyons une philosophie insolente attaquer tous les dogmes de la religion, et nier plus particulièrement la divinité de Jésus-Christ : là, nous voyons une foule de proconsuls féroces et impies se répandre, comme une nuée de sauterelles dévastatrices, dans les provinces, comprimer le culte catholique, ordonner le dépouillement et la clôture des églises, commettre des vexations inouies, faire verser des flots de sang : là enfin, nous voyons un chef, un suppôt de l'abîme, qui communique l'impulsion à tous ces êtres destructeurs.

En vain nous objecteroit-on que la persécution de l'église de France n'est pas un malheur qui ait frappé l'église universelle : aujourd'hui, nous sommes trop avancés dans la révolution pour n'avoir pas à leur répondre avec avantage.

Cette persécution n'intéresse-t-elle pas l'église entière, puisqu'elle a amené d'abord le dépouillement général de tout le clergé ; qu'elle l'a établi, surtout en France, quant au temporel, sous la main immédiate du pouvoir séculier ; qu'elle a fait déverser des flots

de mépris sur tous les prêtres , sans en
excepter le chef même de la religion ;
qu'elle a exercé contre eux des rigueurs
inouies par-tout où ont pénétré les armes
de la république ? Et quel état de l'Eu-
rope n'ont-elles pas dominé ? En inter-
disant par-tout hors des temples les
signes extérieurs du culte, quel chan-
gement n'a-t-elle pas apporté à sa dis-
cipline ? quelles bornes n'a-t-elle pas
mises à sa liberté ?

N'a-t-elle pas occasionné un schisme
funeste qui ne pourra être éteint que
par le concours puissant de l'église universelle ? Elle a rompu les liens qui
attachoient à elle le plus puissant corps
d'état qui faisoit autrefois sa principale
gloire ; et elle a donné, en cela, un scandale dangereux qui laisse à craindre
d'être imité : tant l'exemple a de pouvoir
de la part des gouvernemens, comme
des particuliers !

Que dirai-je des principes anti-chré-
tiens de la nouvelle philosophie qu'elle
a pris soin de propager par-tout ; des
progrès de la licence, de l'abandon des
études, de la rareté des ministres, de la
démolition des temples, de la diminu-
tion sensible des secours de la religion ?

Il est vrai que Dieu sait tirer le plus

grand bien du mal : mais, quoique passé, ses traces et son souvenir n'en sont pas moins affligeans, ses suites n'en sont pas moins à craindre : mais ce mal, ne fût-il que physique, n'en est pas moins la verge de Dieu irrité ; et il falloit que nous fussions bien coupables, puisque le châtiment a été si sensible ; il falloit que les abus fussent arrivés à leur comble, puisque le remède a été si violent. Qui désormais saura le mettre à profit, sinon celui qui, en s'humiliant devant la justice de Dieu, implore humblement sa grace pour travailler à l'amendement de sa vie ?

Entrons à présent dans le détail de cette grande catastrophe, tracée de la main de l'Esprit-Saint ; et voyons de quelle manière Dieu a fait éclater sa justice irritée et sa puissance.

CHAPITRE NEUVIÈME

De l'Apocalypse de Saint Jean.

VERSET I. *Et quintus Angelus tubâ cecinit.* « Et le cinquième Ange sonna de « la trompette. »

LA conjonction *et* est employée pour marquer la liaison de ce qui suit avec ce qui précède ; elle fait entendre que l'évènement qui suit a succédé immédiatement à l'annonce qui en a été faite auparavant. Dans le verset précédent qui termine le chapitre huitième, l'Aigle ou l'Ange, selon le grec, annonce d'une voix puissante aux hommes trois nouveaux malheurs qui doivent accompagner le son des trois dernières trompettes, pour nous faire entendre que les malheurs, de l'arrivée desquels il les prévient spécialement, doivent être plus grands que tous les autres. Saint Jean, par le mot *et*, annonce l'arrivée immédiate du premier de ces trois derniers malheurs.

Quintus Angelus tubâ cecinit. « Le cin- « quième Ange sonna de la trompette. » Les interprètes sont d'accord aujourd'hui

que les symboles des sept trompettes signifient les sept âges de l'église, tout de
même que les sept sceaux, les sept coupes.
Le son de la cinquième trompette annonce donc les malheurs qui doivent arriver dans le cinquième âge, et plus particulièrement le plus grand de tous ceux-là.

Mais le cinquième âge de l'église, à
quel siècle de l'ère chrétienne corres-
pond-il?

On ne peut résoudre à-peu-près cette
question qu'en fixant les époques parti-
culières des âges précédens : pour déter-
miner ces époques, il faut connoître les
événemens qui les ont accompagnés et
qui leur ont donné lieu. Les interprètes
modernes, après La Chétardie et Rondet,
conviennent que le premier âge de l'é-
glise commence à l'Ascension de Jésus-
Christ, et finit à Constantin ou à la paix
de l'église, qui a eu lieu après la bataille
que cet empereur gagna sur Lucinius,
son concurrent, en l'an 324 : que le se-
cond âge, commençant à l'hérésie d'Arius,
et comprenant tout le tems des troubles
de l'Arianisme, se termine à la mort de
l'empereur Théodose, vers l'an 395 : que
le troisième, comprenant tout le tems de
l'irruption des barbares et du démem-
brement de l'empire romain, part de la
fin du quatrième siècle jusqu'à la nais-

sance de Mahomet, c'est-à-dire, jusques en
l'an 570 : que le quatrième embrasse tout
le tems qui s'est écoulé depuis la naissance de Mahomet jusqu'à la naissance
de Luther ou de la réforme, vers la fin
du quinzième siècle ; comprenant, par
conséquent, le mahométisme, le schisme
des Grecs et la destruction du nouvel
empire romain ou de l'empire grec par
Mahomet II, qui s'est rendu maître de
Constantinople en 1453. Le cinquième
âge de l'église succède donc à tous ces
évènemens, et a commencé à la naissance
de Luther ou de la réforme, vers la fin
du quinzième siècle ou au commencement
du seizième, c'est-à-dire, en l'année 1517,
lorsqu'il commença à prêcher contre les
indulgences.

En effet, l'on ne peut nier, avec La
Chétardie, que le cinquième âge ne ren-
ferme l'histoire de l'établissement de la
secte des protestans, parce qu'il est évi-
dent que ce sont eux qui, par la destruction des marques extérieures du culte
catholique, de celui des Saints, de leurs
reliques, ont donné lieu aux plaintes des
Martyrs qui demandent à Dieu, après
l'ouverture du cinquième sceau, vengeance des outrages qu'ils reçoivent de
leurs ennemis. L'on ne peut disconvenir
aussi, avec le même auteur et plusieurs

autres plus anciens, que la plupart des caractères mystérieux des sautetelles, décrits dans ce chapitre neuvième, ne puissent être appliqués avec vérité à cette secte. Ces hérétiques n'ont-ils pas eu pour chef un prêtre qui, par son apostasie, a imité la chûte de Lucifer ? pour protecteurs, des souverains, les rois de Navarre, d'Angleterte, de Danemarck, de Suède, le duc de Transylvanie, les confédérés de Hollande, grand nombre de princes d'Allemagne, de France, de Hongrie et d'autres états ? Leur prétendue morale réformatrice ne se dément-elle pas par des dogmes corrupteurs, et favorisant la molesse ? N'ont-ils pas aussi porté le fer et la flamme par-tout ? Leur chef n'étoit-il pas un ange exterminateur ; puisque Luther se fit représenter, dans une image, tenant un grand glaive à la main, avec ces paroles : *Je ne suis pas venu mettre la paix, mais la guerre ?* Mais l'histoire des protestans n'est pas la seule qui appartienne à ce tableau, si toutefois elle lui appartient ; celle de la révolution française, selon que nous l'avons déjà dit, doit y être comprise plus particulièrement et par la nature de la persécution qu'elle a fait naître contre l'église de JésusChrist, et par des traits particuliers qui ne peuvent être appliqués qu'à elle seule : d'où il suit que l'allégorie du chapitre neuvième, quoiqu'elle puisse être appliquée aux protestans d'après les traits qui appartiennent à cette secte, nécessite une autre application pour ceux qui ne lui conviennent pas ; ce qui fait voir qu'un évènement peut avoir des rapports à plusieurs allégories du même âge, quoiqu'il appartienne plus particulièrement à l'une d'elles.

Maintenant ce cinquième âge est-il fini ou finira-t-il bientôt ?

Nous pensons que s'il n'est pas fini, il finira bientôt, ne pouvant s'étendre au-delà du commencement du sixième âge, qui aura lieu lors de l'irruption des peuples orientaux, qui ne peut pas tarder d'arriver. Cette irruption doit être l'évènement avant-coureur de la grande persécution de l'Antechrist. Or, celle-ci ne peut pas tarder beaucoup, puisque les Martyrs de dessous l'autel, demandant à Dieu, à l'ouverture du cinquième sceau, vengeance des outrages qu'ils éprouvent de la part des héritiques, reçoivent pour réponse « qu'ils n'ont pas long-tems à attendre ; que le nombre de leurs frères qui doivent souffrir le martyre comme eux, sera bientôt rempli ; que l'Antechrist par conséquent, qui doit être le persécuteur qui les mettra à mort, ne tardera pas à arriver. » En effet, suivant

(12)

le pieux et savant Rondet, son arrivée
doit avoir lieu en 1860; et sa persécution
doit terminer le sixième âge. Ces principes posés, on peut, avec vraisemblance
et sans témérité, avancer que le commencement du sixième âge doit avoir lieu
vers le commencement du dix-neuvième
siècle, si l'on ne veut pas lui donner une
durée trop courte : d'où il suit que les
principaux évènemens qui regardent le
cinquième âge étant arrivés, comme je
l'ai dit et comme je vais encore incessam-
ment le développer, le cinquième âge
est aujourd'hui terminé ou sur le point
de l'être ; que par conséquent sa durée
doit s'étendre depuis l'année 1517 jusques
à la fin du dix-huitième siècle ou peu
au-delà.

Et vidi stellam de cœlo cecidisse in terram :
« je vis qu'une étoile étoit tombée du
» ciel en terre ». Que signifie cette étoile,
sinon un évêque? Les sept étoiles dont
il est parlé au chapitre 1er, verset 20, du
même livre de l'Apocalypse, sont appe-
lées les anges des sept églises; et ces anges
étoient les évêques qui les gouvernoient.
Au chapitre XII, les douze étoiles dont la
femme étoit couronnée, signifient, suivant tous les interprètes, les douze apô-
tres qui sont la couronne de l'église. Quel
est donc cet évêque? Toute la suite du

texte de ce chapitre, jusqu'au verset on-
zième inclusivement, convenant sur-tout
à la révolution française, et pouvant lui.
être appliquée naturellement, l'évêque
qu'il importe de rapporter à ce tems,
et qui fait une chûte si déplorable, doit
être le trop foible et infortuné Gobel,
évêque de Paris. C'est cet évêque, qui,
après une vie édifiante, des marques extérieures de zèle, des bonnes mœurs,
une profession ouverte de la véritable
doctrine qui le faisoit briller aux yeux
de l'église comme un astre éclatant, a eu
le malheur de se précipiter du haut du
ciel comme Lucifer. Il a été attiré, ou
plutôt entraîné vers la terre par la crainte
des hommes impies ; par un Anacharsis-
Clootz, par un Hébert et autres de cette
espèce, qui mirent tous les ressorts de
l'enfer en usage pour lui causer cette ef-
froyable chûte. En effet, on l'a vu venir
dans le sein de l'assemblée convention-
nelle, désavouer son caractère, abdiquer
sa place, se dépouiller de toutes les marques extérieures de son état ; et par-là
trahir les intérêts de la religion en faveur
de ses adversaires, qui vouloient tirer
parti de sa lâcheté pour la detruire, quoique à la vérité il eût refusé de lui imputer
l'imposture et le mensonge.

Verset 2. *Et data est ei clavis putei abissi :*

7

» et elle reçut la clef du puits de l'abîme ; »
ou , plus littéralement , « et il lui fut donné
la clef du puits de l'abîme. » Dieu permit
que cette chûte éclatante fût le signal de tous
les maux qui fondirent comme un orage
impétueux sur l'église de Jésus-Christ. Dès
cette époque , l'assemblée convention-
nelle ne garda plus de mesures. Elle en-
voya par-tout des émissaires secrets et
publics pour faire fermer les églises ; elle
organisa la persécution la plus cruelle et
la plus perfide contre les prêtres ; elle ré-
pudia solemnellement la réligion. La clef
du puits de l'abîme lui fut donnée, non
pour le fermer, mais pour l'ouvrir : *Et
apperuit puteum abissi*, « et elle ouvrit le puits
de l'abîme. » Il est bien singulier que les
ecclésiastiques aient été souvent les premiers moteurs des schismes et des hérésies ,
et les principaux instrumens des persécu-
tions contre l'église. Arius , Photius , Luther , et une infinité d'autres , en sont des
exemples frappans. *Et ascendit fumus putei
sicut fumus fornacis magnæ :* « et il s'éleva
une fumée du puits comme la fumée
d'une grande fournaise. » C'est alors que
les nuages impurs des sophismes de la
philosophie se répandirent par-tout avec
plus de liberté: c'est alors que le scandale
de la division des fidèles, occasionné par
la diversité des opinions des prêtres, de-
vint plus éclatant, et que les ministres qui

avoient obéi aux lois reçurent plus de mépris et d'outrages , perdirent plus de crédit , en faveur de la vérité , auprés des peuples ; que ceux - ci , incertains ou timides , ne surent plus à quel pasteur obéir , ou insoucians et lâches , ne se mirent plus en peine d'écouter la voix d'aucun d'eux , ou obstinés et opiniâtres , s'affermirent de plus en plus dans le parti des réfractaires qui n'avoient pas donné, à la vérité , des scandales si préjudiciables à leur cause.

Et obscuratus est sol et aer de fumo putei : » et le soleil et l'air furent obscurcis par la fumée du puits. » Ce soleil mystérieux n'est-ce pas Jésus-Christ, soleil de justice? Cet air pur, n'est-ce pas la vérité de la foi opposée aux ténèbres de l'erreur, laquelle foi est la vie du chrétien ? Mais l'impiété et l'irréligion ont obscurci, autant qu'elles ont pu, ce soleil de justice; elles se sont élevées dans cette révolution contre la réalité des mystères; elles ont nié la révélation, elles ont démenti la divinité de Jésus-Christ : ne pouvant pas pervertir les chrétiens fidèles, elles ont du moins obscurci leur vrai culte; elles en ont fait supprimer toutes les marques extérieures , et sont parvenues à en cacher l'exercice dans l'intérieur des temples dont elles ne leur ont laissé même jouir, par l'introduction des cultes étrangers, que d'une partie du local. Elles ont encore obscurci ce soleil par la profession publique de l'athéisme. L'air de la vérité a été obscurci par ces prêtres apostats qui ont démenti en chaire les vérités qu'ils avoient jusqu'alors enseignées ; qui ont eu l'impudence de la travestir publiquement en mensonge, et l'infâmie de s'avouer, à ses dépens, pour avoir été des imposteurs, des fourbes et de vils charlatans. Il y en a eu même qui, ne mettant plus de bornes à leur fureur extravagante, se sont écriés, dans la chaire de vérité, qu'il n'y avoit point de Dieu ; et qui ont osé, par une farce impie et révoltante, pour prouver au peuple qu'il n'existoit pas, braver sa puissance et provoquer sa foudre. *Ascendit fumus putei :* « une fumée s'éleva du puits. » Les ténèbres de l'erreur sortent de l'enfer ou du puits, selon le langage de l'écriture, parce que c'est le démon qui les inspire aux hommes : *Sicut fumus fornacis magnæ,* » comme la fumée d'une grande fournaise. » Cette image représente bien l'épaisseur et la multitude de ces ténèbres.

Verset 3. *Et de fumo putei exierunt locustæ in terram :* « et avec la fumée du puits » sortirent des sauterelles qui se répandi- » rent sur la terre. » Ce sont les ténèbres de l'erreur, quelle qu'en soit la cause, qui couvrant la vérité aux yeux des hommes

corrompus, les change en des êtres malfai-
sans, nuisibles, persécuteurs. S'ils voyoient
la vérité, ils n'oseroient l'outrager : quand
ils l'outragent, c'est quand ils n'ont plus
les yeux fixés sur elle. On peut dire encore
que les ténèbres que les disputes et les
passions du clergé répandirent sur l'église,
présentèrent l'occasion favorable à ses ennemis d'organiser contre elle la persécution. Ces ténèbres, comme une nuée obs-
cure, firent pleuvoir sur toute la France
ces proconsuls sacrilèges qui ont persécuté
la religion, et qui se sont efforcés de
détruire son culte. C'est à l'aide de ces
ténèbres obscures et malfaisantes que l'a-
bîme vomit un Carrier, un Lebon, un
Collot-d'Herbois, un Dumon, un Albitte,
un Borie, et une multitude d'autres qui,
par leurs injustices, leurs impiétés, leurs
perfidies, leurs cruautés, ont surpassé à
l'envi tout ce qui avoit paru avant eux
de monstres sur la terre. Ce sont ces ténèbres impures qui ont enfanté tous ces
membres exécrés de sûreté générale et de
salut public : des comités et des tribunaux
révolutionnaires qui ont par tout organisé
le pillage, assassiné juridiquement l'inno-
cence et la vertu.

Exierunt locustæ. « Des sauterelles se
répandirent sur la terre. » Les sauterelles, dissemblables à beaucoup d'ani-

maux, marchant sans ordre et en confu-
sion, sans subordination, sans chef, ayant
des aîles et ne volant pas, étant appésan-
ties par leur ventre ; ayant des jambes et
ne marchant pas, ne pratiquant que des
mouvemens brusques et impétueux, sau-
tillant, changeant sans cesse de direction
et de place : de même, les représentans
envoyés en mission, semblables à une
armée de sauterelles, se sont répandus en
tout sens sur tout le territoire de la France ;
ayant des pouvoirs sans bornes, mais ne
correspondant nullement entr'eux, cir-
conscrits dans le département où ils étoient
envoyés, dictant des ordres arbitraires et
contradictoires, ils ne prêchoient par-tout
que la révolte et l'insubordination contre
toute autorité légitime ; ils armoient le
pauvre contre le riche, effaçoient jusqu'aux moindres signes de la souveraineté,
provoquoient l'anarchie, méconnoissoient
même les droits de l'homme qu'ils eurent
la hardiesse de violer. Si dans leurs discours emphatiques ils employèrent les
mots de bienfaisance et de vertu, s'ils
semblèrent prendre l'essor jusqu'à elle,
leur vie déréglée, leur débauche crapu-
leuse, leur gourmandise, leur impudicité
effrénée les abaissoient jusqu'à la terre ;
ayant méconnu tout principe de morale
et toute révélation, ils ne faisoient que

s'égarer et tomber dans de plus grandes absurdités. Ils tournèrent le peuple même vers le scepticisme et l'athéisme.

Et data est illis potestas sicut habent potestatem scorpiones terræ : « une puissance leur fut donnée semblable à celle des scorpions de la terre. » Les scorpions sont écaillés. Leur écaille qui est lisse, est leur armure naturelle qui les défend. Ils ont des pieds minces et déliés qui ne laissent que des traces légères ; mais ils ont des serres fortes, et leur aiguillon placé à l'extrêmité de leur queue, avec lequel ils piquent les hommes, cause une douleur rès-vive. Une telle puissance ne pouvoit qu'être nuisible. Les représentans ne méritent-ils pas de leur être comparés ? Comme les scorpions qui semblent vous flatter en vous touchant, en ne faisant d'abord sur vous qu'une impression douce, mais qui ne tardent pas de vous piquer ; de même nos réprésentans modernes n'employèrent pas toujours la rigueur et la la crainte dans leur manière de séduire, ils mirent aussi en avant les plaisirs et les promesses pour faire prévariquer les fidèles pasteurs. Ils promirent des pensions à ceux qui abdiqueroient leurs fonctions, ou des places à ceux qui se marieroient ; ils n'avoient que le mot de liberté et de bonheur dans la bouche lorsqu'ils par-

lóient au peuple : mais bientôt ils frus-
trèrent les premiers des pensions qu'ils leur
avoient promises ; ils rendirent encore
plus esclaves et malheureux les peuples,
qu'ils avoient flattés de l'espoir du bonheur
et de la liberté.

Les scorpions sont aussi des insectes
vénimeux. Nos représentans insinuant
par-tout le venin de la nouvelle philosophie , et déclarant la guerre au vrai
culte, après avoir séduit grand nombre
de lâches chrétiens et de ministres infi-
dèles, les avoir portés, à leur exemple,
à des actes de fureur contre la religion,
au dépouillement et à la profanation des
temples, leur ont causé des remords dé-
sespérans, qui feront toujours le tourment
de leur vie.

Verset 4 : *Et præceptum est illis ne læderent
fænum terræ, neque omrem arborem, nisi
tantùm homines qui non habent signum Dei
in frontibus suis.* « et il leur fut ordonné
» de ne point nuire au foin de la terre,
» ni à tout ce qui est verd, ni à aucun
» arbre, si ce n'est seulement aux hommes
» qui n'ont pas le signe de Dieu sur leur
» front. » Les instrumens des vengeances
de Dieu contre les pécheurs, ne peuvent
pas, sans sa permission expresse, les af-
fliger, soit en leur causant des maux tem-
porels, soit en employant contre eux la

tentation pour les faire tomber dans de nouveaux crimes. *Et præceptum est illis.* Satan demanda expressément à Dieu la permission de tenter Job : l'esprit de mensonge demanda aussi à Dieu le pouvoir d'induire en erreur les prophêtes. « Et il leur fut ordonné de ne point nuire au foin de la terre » : c'est-à-dire, aux simples fidèles ; « ni à aucun arbre » : c'est-à-dire, aux pasteurs qui prennent soin des fidèles et les protègent, les nourrissent des fruits de la parole de Dieu : « ni à tout ce qui est verd » : c'est-à-dire, aux justes et aux élus de tous les états. Il n'y a eu qu'en faveur de ceux-là qu'il fut défendu de nuire, de leur être une occasion de chûte, d'apostasie et de damnation. *Omne viride,* restreint ici la signification de fidèles et de pasteurs.

« Il ne leur est permis de nuire qu'aux hommes qui n'ont pas le signe de Dieu sur leur front » : c'est-à-dire, qu'aux hommes sensuels, aux hommes de plaisirs, ennemis de la croix de Jésus-Christ. Ceux-là ne sont pas marqués du sceau du Dieu vivant, qui est la croix du Sauveur. Il n'y a de prédestinés, dit saint Paul, que ceux qui sont conformes à l'image de Jésus-Christ crucifié : c'est par la pratique de la mortification, de la pénitence, que l'on est disciple de Jésus-Christ : celui qui ne porte pas ma croix , dit Jésus-Christ, n'est pas mon disciple ; mais ceux qui mènent une vie mortifiée , ceux-là , Jésus-Christ les reconnoît pour lui appartenir. Ce signe les défend contre les attaques de la séduction ; les suppôts de Satan ne peuvent leur nuire : l'on n'a point de force pour le combat spirituel que par la Croix. C'est elle qui met en fuite les légions des esprits immondes ; sans elle , Satan a prise sur nous et nous séduit. C'est pour cela que les catéchumènes , dans les cérémonies du baptême , sont marqués sur leur front du signe de la croix ; que les confirmés sont également marqués sur le front , par l'évêque , de ce signe salutaire. O croix de mon Sauveur ! soyez à jamais imprimée dans mon cœur , soyez la fidèle compagne de toutes les actions de ma vie.

Verset 5. *Et datum est illis ne occiderent eos :* « et il leur fut donné de ne point les » faire mourir » : c'est-à-dire, il fut donné aux sauterelles , non de faire mourir les justes et les élus, d'une mort éternelle ; ou , selon le sens du texte grec , il fut donné aux justes et aux élus de ne pas mourir d'une mort éternelle. Ceci prouve qu'il y a , durant la vie , des écarts si grands, qu'ils sont le principe certain de la damnation. Quand on a fait certains

pas dans le crime, on n'en revient pas.
Il est peu d'apostats, par exemple, qui
reviennent de fait à l'église, quoiqu'ils
puissent retourner à la foi et à la grace.

Sed ut cruciarent : « mais de les tour-
menter. » Selon les exemplaires grecs,
Sed ut cruciarentur mensibus quinque : « Mais
» d'être tourmentés pendant cinq mois ».
Telles sont les bornes secrètes que Dieu
a mises à ces persécuteurs pour exercer
leur puissance. En effet la durée des pouvoirs de nos proconsuls modernes ne
s'est pas étendue au-delà de cinq mois.
La loi ne donna que trois mois d'exercice à leur mission. Elle n'a pas duré
plus de tems que la durée de la vie de
l'insecte auquel elle a servi de compa-
raison. La sauterelle ne vit tout au plus
que quatre à cinq mois, terme impar-
fait d'un germe ou d'un avorton maudit.
Cette persécution fut trop violente pour
que Dieu ne mît pas des bornes étroites
à sa durée. C'est ainsi que toutes les per-
sécutions de l'église n'ont pas duré plus
de trois ans et demi. Celle de Dioclétien,
la plus longue de toutes, qui s'est renou-
vellée trois fois, n'a duré chaque fois
que trois ans et demi au plus. Celle de
l'Antechrist ne durera pas davantage.

*Et cruciatus eorum ut cruciatus scorpii cùm
percutit hominem :* « et leur douleur est

comme cel'e que cause le scorpion lorsqu'il pique l'homme. » Quand la douleur est vive elle ne doit pas être de trop longue durée. Par ces paroles, l'Esprit-Saint semble nous donner la raison de la courte durée de ce fléau. On sait qu'il y a des pays où la piquûre des scorpions cause une douleur si vive que les hommes quelquefois en meurent. Aussi est - il ajouté , dans le verset suivant , comme une suite et un développement de ce qui précède.

Verset 6. *Et in die'us illis quærent homines mortem , et non invenient eam ; et desiderabunt mori, et fugiet mors ab iis.* « et » en ces jours là les hommes cherche-» ront la mort et ne la trouveront pas; » ils désireront de mourir, et la mort » s'éloignera d'eux. » Quand la douleur est insupportable, elle fait desirer la mort que l'on envisage comme un moindre mal que celui dont on ne peut pas supporter la violence ; ou parce qu'on la regarde comme la fin des tourmens que l'on ressent. Ce dernier sens est d'autant plus susceptible d'une véritable application , qu'il se rapporte aux justes qui n'ont pas été séduits par les artifices des persécuteurs , qui n'ont opposé à leurs afflictions que la patience chrétienne , et qui ont droit, par le bon témoignage de leur conscience , de regarder la mort comme la fin de tous leurs maux. De quelque manière qu'on interprète ces paroles, il n'y avoit rien de plus ordinaire que d'entendre dire : il vaudroit mieux être mort que vif ; heureux les enfans qui meurent ! Combien de mères qui disoient à leurs jeunes enfans : une bonne mort ne devroit-elle pas t'enlever ; plût-à-Dieu que nous eussions été morts il y a long-tems ! Tels sont les discours que, dans ces tems - là , nous avons souvent entendus de nos propres oreilles.

Verset 7. *Et similitudines locustarum similes equis paratis in prælium : et super capita earum tanquàm coronæ similes auro : et facies earum tanquàm facies hominum :* « et la res-» semblance des sauterelles étoit de cette » sorte : elles étoient semblables à des » chevaux préparés au combat. » Les ennemis de la nation n'ont pû la surprendre ; parce que, d'après leurs démarches équivoques, tendant à lui nuire et à l'avilir, la guerre leur fut déclarée à tous par l'assemblée nationale, avant aucune déclaration de guerre de leur part. Ces paroles peuvent encore s'appliquer aux représentans, à cause de la chaleur de leurs débats et de l'esprit de parti qui les animoit. Avec quelle énergie aussi l'assemblée nationale a-t-elle, pour ainsi dire, fait lever toute la France en masse par la réquisition de tous les jeunes-gens, depuis l'âge de dix-huit à vingt-cinq ans, par la conscription, par l'établissement de la garde nationale, par la formation des compagnies des vétérans, par la formation des compagnies de la tendre jeunesse, par le cri de l'assemblée, répété par la nation entière, *vivre libre ou mourir, il ne nous faut que du pain et du fer ;* par les mesures de rigueur avec lesquelles la guerre a été soutenue.

« Et sur leurs têtes étoient comme des couronnes semblables à des couronnes d'or. » Ce caractère convient très-bien aux représentans qui, n'étant pour la plupart, que des sauterelles, c'est-à-dire, des hommes de la classe ordinaire du peuple, ont néanmoins exercé le pouvoir souverain désigné par l'emblême de la couronne : pouvoir qui comprenoit avec celui de faire des lois, tous les autres pouvoirs. Ces couronnes n'étoient pas pourtant d'or véritable, parce que les représentans ne sont pas des rois ; ils n'en ont ni le nom, ni les marques extérieures.

« Et leurs faces étoient comme des visages d'hommes. » Le visage de l'homme est l'image et le signe de sa raison. Les passions et les mouvemens de son ame sont plus sensiblement peints dans ses yeux et sur sa face. C'est la face sur-tout qui le distingue de tous les autres animaux : les sauterelles, en ayant le visage de l'homme, avoient l'apparence de la raison. Ce caractère ne convient-il pas très-bien aux représentans qui n'ont voulu reconnoître que l'autorité et les principes de la raison ; qui ont fait fermer toutes les églises, les temples, les synagogues, qui ont répudié par-là tous les cultes ; qui se sont portés en corps au temple de la raison ? On a vu à Beauvais, un Dumont se prosterner et adorer, offrir de l'encens à une prostituée placée sur le maître-autel, qui représentoit la raison.

« Leurs visages étoient comme des visages d'hommes : » c'est-à-dire, que leur philosophie n'étoit pas une véritable, mais une fausse philosophie ; parce que la vraie philosophie ou la saine raison, n'est pas opposée à la religion ni à la révélation.

Verset 8. *Et habebant capillos sicut capillos mulierum :* « et elles avoient des cheveux comme des cheveux de femmes. » Les cheveux des femmes signifient la molesse et la volupté. Personne ne s'est prononcé plus ouvertement contre la chasteté que les représentans de la nation française. Le peuple romain avoit en honneur

les Vestales ; les Grecs et d'autres peuples
portoient grand respect aux vierges con-
sacrées à la célébration de leurs mystères
sacrés. L'assemblée nationale n'a pas voulu
reconnoître ni continence, ni abstinence,
ni austérité, ni vœu de chasteté ; elle a
ouvert la porte aux mariages des prêtres ;
elle a protégé ceux d'entr'eux qui se sont
mariés ; elle a fait porter de plus fortes
impositions sur les célibataires ; elle a
brisé l'indissolubilité du lien du mariage ;
pour ravaler la continence, elle a donné
des éloges pompeux à la fécondité ; elle
a même donné, par des lois, des récom-
penses aux filles qui avoient sacrifié leur
honneur à la volupté, en devenant mères.
La mode de porter les cheveux à la ja-
cobine n'a-t-elle aucune analogie avec
celle des cheveux des femmes ?

Et dentes earum sicut dentes leonum erant :
» leurs dents étoient comme des dents de
lions. » La dent du lion déchire et met
en pièces les hommes et les animaux ; c'est
une dent cruelle et forte. Que n'ont-elles
pas dévoré, les dents des représentans ? Et
pour dévorer et manger, pour s'enrichir,
que d'assassinats n'ont-ils pas fait commettre ? Que d'assassinats n'a pas fait commettre un Carrier, un Lebon, un Mai-
gnet, un Collot-d'Herbois, un Robespierre et tant d'autres ? Quel étoit leur bur

par ces meurtres, sinon de s'emparer des biens des citoyens immolés? Il a été même décrété que l'on ne restitueroit pas les biens confisqués en vertu de jugemens de mort rendus arbitrairement. « Mon juge, disoit alors un célèbre accusé à Marseille, est ton avarice, mes accusateurs sont mes richesses. » Observez aussi que le propre des sauterelles est de ravager en un instant les campagnes. Elles dévorent l'herbe des champs et les grains des épis : elles n'épargnent pas même l'écorce des arbres. Partout où elles passent elles emmènent la famine et le désespoir. Les représentans envoyés dans les départemens, comme des nuées de sauterelles, ont mis tous les comestibles en réquisition : paille, foin, avoine, bled, huile, vin, légumes; viandes, bœufs, cochons, moutons; chevaux, mulets, selles, harnois, instrumens de labour, charettes, tombereaux, voitures; meubles, habits, linge, armes de toutes espèces; métaux, or et argent des églises, métal des cloches, plomb, fer, cuivre. Quel sera le terme de cette énumération dévorante, s'il faut y comprendre les biens du clergé dépouillé, les biens-fonds et les jouissances des riches et des nobles, les biens des hôpitaux, les fortunes de tous les rentiers pompées et desséchées, tout le numéraire retiré de la circulation;

en un mot tous les effets de quelque nature
qu'ils puissent être, et jusqu'aux vieux
chiffons ? Aussi leur passage fut souvent
accompagné de la famine. Aujourd'hui
même toute la France n'offre plus, aux
yeux étonnés, que l'image d'un vaste
champ dévasté par ce fléau destructeur,
et ne rappelle que le triste souvenir de son
opulence passée.

Verset 9. *Et habebant loricas sicut loricas*
ferreas, et vox alarum earum sicut vox cur-
ruum equorum multorum currentium in bellum :
» et elles avoient des cuirasses comme des
» cuirasses de fer. » La cuirasse est une
armure faite pour défendre le corps des
traits de l'ennemi. Celles de ces sauterelles
étoient de fer, pour signifier qu'elles étoient
impénétrables. Et comme le fer est le métal avec lequel on détruit tout ; de même
les représentans, hors d'atteinte des traits
de leurs ennemis, sont venus à bout de
tout détruire sans recevoir aucun coup
mortel de leurs adversaires. Si quelques
coups les ont atteints, ce ne sont que ceux
qui sont partis des mains de leurs collè-
gues. Il est vrai que pour n'avoir rien à
craindre, ils ont désarmé, sous des prétextes plausibles, tous les citoyens, et se
sont mis en état de leur causer impuné-
ment tous les préjudices qu'ils ont voulu.
Le fer ici peut encore avoir été employé

pour exprimer la dureté de leur caractère. Dans le temp du robespierrisme, quel est le malheureux qu'ils ont soulagé ou même consolé ?

Et vox alarum earum sicut vox curruum equorum multorum : « et le bruit de leurs aîles étoit semblable au bruit que font plusieurs charriots et plusieurs chevaux qui courent à la guerre. » La marche des représentans étoit si rapide, qu'elle ne peut mieux être représentée que par le mouvement des aîles. Avec quelle vîtesse se trasportoient-ils dans les lieux de leur mission ? qui pouvoit les atteindre ? Quel en étoit l'objet ? n'étoit-ce pas d'armer tous les citoyens, de les faire tous lever en masse pour aller à la guerre ? Leur marche étoit nombreuse et formée par une multitude de voitures, de chevaux et de cavaliers qui imitoient un train de guerre.

Vesset 10. *Et habebant caudas similes scorpionum et aculei erant in caudis earum : et potestas earum nocere hominibus mensibus quinque :* « et elles avoient des queues sembla-
» bles à celles des scorpions, et des dards
» étoient dans leurs queues, et elles avoient
» la permission de nuire aux hommes pen-
» dant cinq mois. » Les représentans piquoient non-seulement par eux-mêmes, mais encore par le moyen de ces satellites

nombreux qui marchoient à leur suite ;
par ces détachemens nombreux de cava-
lerie qui les accompagnoient, qui ap-
puyoient toutes leurs opérations par leur
présence et par leurs services. Les scorpions piquent par derrière, pour montrer
les ordres secrets qu'ils donnoient à leurs
satellites de commettre toutes sortes de
voies de fait. C'est par des ordres secrets
qu'ils ont fait exécuter les fusillades, les
noyades, les pillages ; c'est par des ordres
secrets qu'ils ont fait enfermer tant de citoyens sous de vains prétextes, qu'ils ont
ordonné le pillage et la clôture des églises :
et leurs piquûres causoient de vives douleurs. Non-seulement leurs démarches secrètes étoient autant de piquûres qui causoient de vives douleurs ; mais encore tous
leurs actes publics, leurs arrêtés, leurs
motions étoient des pièces sanglantes contre les citoyens. Ils étoient trempés dans
le fiel, ils ne respiroient que la vengeance,
ils mettoient toujours la terreur à l'ordre
du jour.

« Et leur pouvoir étoit de nuire aux
hommes pendant cinq mois. » L'Esprit-
Saint répète une seconde fois ce qu'il a dit
plus haut de la durée de ce fléau, pour
nous faire comprendre, à n'en pas dou-
ter, que tous les maux qui nous arrivent
en ce monde, quelque sensibles qu'ils

soient, nous viennent de Dieu : que c'est sa providence qui les départ sur nous, selon les lois de sa justice et de sa sagesse infinie : que nous devons parconséquent les endurer avec patience : que même en considérant la main dont ils nous viennent, nous devons les souffrir avec joie, puisque Dieu ne nous les envoie que par un effet de sa miséricorde, que pour nous offrir le moyen d'expier nos fautes passées par la pénitence ; ou nous faire mériter le ciel par la patience, ou nous faire craindre sa justice, en nous faisant juger par l'épreuve que nous en faisons en ce monde, quelle est la grandeur des châtimens qui nous attendent en l'autre vie, si nous ne voulons pas nous convertir ; pour nous faire comprendre aussi, que nous ne devons envisager les fléaux qu'il nous envoie que comme les ministres de sa puissance souveraine, qui exécutent ses ordres dans le tems déterminé, et de la manière qu'il leur prescrit. *Et habebant super se :* « et elles avoient au-dessus d'elles

Verset 11. *Regem angelum abissi, cui nomen hebraïcè Abaddon, græcè autem Apollyon, latinè habens nomen Exterminans :* « pour roi » l'ange de l'abîme, qui s'appelle en hé- » breu Abaddon, en grec Apollyon, en » latin Exterminateur. Afin que nous n'en doutions pas, l'esprit-saint nous avertit que le roi et le prince des méchans est le diable, qui est fort à propos appelé en hébreu Abaddon. Car abbad signifie perdre, ou celui qui cherche à perdre ; parce que toute son envie est de nous perdre avec lui, et nous rendre les compagnons infortunés de son supplice. En grec il s'appelle Apollyon ἀπολλύων ἀπὸ τȣ ἀπολλύειν, qui signifie perdre et détruire. L'Ecriture exprime son nom en plusieurs langues, pour mieux en faire comprendre la signification, et pour nous faire entendre que son desir extrême est de ne rien épargner. Or, comme toutes ces paroles ont une signification que l'Esprit-Saint a eu en vue, elles peuvent se rapporter au chef visible qui a organisé et présidé à ce terrible fléau. A ce nom de chef et de roi de la persécution de l'église durant la révolution, qui est-ce qui n'a pas présent à l'esprit l'infâme Robespierre ? N'est-ce pas lui qui mérite, à juste titre, le nom d'exterminateur, et tel qu'il n'y en a jamais eu de pareil dans aucun état et chez aucun peuple ? Oui, n'est-ce pas ce malheureux ambitieux, qui visoit depuis long-tems à cette sorte de royauté ? N'est-pas lui dont les correspondances, non interrompues, datoient depuis le commencement de la révolution avec les principaux meneurs des clubs, pour s'assurer les suffrages de ces sociétés dont ils étoient membres, et pour s'emparer peu-à-peu du crédit des citoyens ? N'est-ce pas lui dont les motions tendoient toutes à flatter le peuple, et qui n'avoit jamais que ces mots dans la bouche : *le peuple, le peuple ?* Toutes les destructions dont il a été le premier instigateur dans tous les tems de la révolution, mais sur-tout de la désorganisation des églises de France, qui a commencé par la destruction des ordres religieux, des congrégations, des confrairies et associations de piété ; la destruction des plus beaux monumens ecclésiastiques et civils de la France, exécutée par ses partisans et par ses anciens comités révolutionnaires ; la destruction de la fortune de tous les rentiers et de tous les nobles, de tous les établissemens publics de la marine, du commerce, de l'éducation publique et particulière, des arts, des manufatures, de tous les états ; l'incarcération et le projet d'immoler tant de milliers de citoyens, qui n'a pu avoir lieu selon toute l'étendue de sa politique sanguinaire, parce que Dieu le fit disparoître en un clin-d'œil de ce monde, la veille qu'il devoit le faire exécuter et innonder toute la France de sang : tant de destructions, dis-je, et de ruines ne lui ont-elles pas acquis avec raison le juste titre d'exterminateur et d'ange de l'abîme?

F I N.

A PARIS, de l'Imprimerie-Librairie Chrétienne, rue Saint-Jacques, Nos. 178 et 179.

www.ingramcontent.com/pod-product-compliance
Lightning Source LLC
LaVergne TN
LVHW020008180726
843503LV00008B/3867